Inhalt

HR-Strategien - Kampf ums Personal mit Plan steckt noch in den Kinderschuhen

Kernthesen

Beitrag

Fallbeispiele

Weiterführende Literatur

Impressum

HR-Strategien - Kampf ums Personal mit Plan steckt noch in den Kinderschuhen

Harald Reil

Kernthesen

- Laut einer Studie der Unternehmensberatung Joshua Consulting arbeiten nur zehn Prozent der deutschsprachigen Unternehmen mit einer HR-Strategie.
- Das nur wenig rationale Vorgehen bei der Rekrutierung von Mitarbeitern führt zu Streuverlusten, die sich heutzutage eigentlich kein Unternehmen mehr erlauben sollte.
- Allerdings ist Besserung in Sicht: Der "War

for Talents" wird Firmen unweigerlich dazu zwingen, bei der Personalsuche strategischer vorzugehen, wollen sie gegenüber der Konkurrenz nicht ins Hintertreffen geraten. Erste Ansätze dafür gibt es bereits.

Beitrag

Trügerisches Bauchgefühl

Es gibt Leute, die vertrauen ausschließlich ihrem Bauch. Dass dies zwar gut gehen kann, aber alles andere als immer gut gehen muss, sollte für jeden Menschen mit nur einiger Lebenserfahrung eine Binsenweisheit sein. Angesichts der Unzuverlässigkeit von Gefühlsentscheidungen, die in aller Akribie unter anderem auch der wohl bedeutendste lebende Psychologe und Nobelpreisträger für Wirtschaft, Daniel Kahneman, wissenschaftlich aufgearbeitet und in seinem Bestseller mit dem Titel "Thinking, Slow and Fast" auch einer breiten Öffentlichkeit vorgestellt hat, ist es verwunderlich, dass gerade Unternehmen bei einem so entscheidenden Faktor wie der Personalsuche nur in sehr wenigen Fällen mit einer rationalen Strategie ans Werk gehen. Zu dieser erstaunlichen Erkenntnis kommt zum Beispiel eine

Studie der Unternehmensberatung Joshua Consulting, die feststellt, dass nur jede zehnte deutschsprachige Firma ihre Mitarbeiter mithilfe einer HR-Strategie rekrutiert. Eine weitere Untersuchung, die Personalberater von der Kienbaum Management Consultants GmbH verantwortet haben, kommt zu demselben Schluss. Erstaunlich ist diese Erkenntnis, da es ja schließlich um nichts weniger als die Zukunftsfähigkeit von Unternehmen geht; und wer, wenn nicht das Personal, ist für den Erfolg oder sein Gegenteil verantwortlich? (1), (2)

Laissez Faire führt zu Streuverlusten

Dass das Problem kein Phänomen ist, das nur kleine und mittlere Firmen (KMU) betrifft, macht die Joshua-Consulting-Studie ebenfalls deutlich. Denn die Berater haben vor allem Unternehmen befragt, die einen jährlichen Umsatz von über 50 Millionen Euro vorweisen können. Die einzig nennenswerte, im Vorhinein festgelegte Planungsgröße, die zumindest 45 Prozent der Studienteilnehmer bei den Gesprächen nennen konnten, war allerdings lediglich die Zahl der Abwanderungen von Mitarbeitern, die mit einer entsprechenden Anzahl von Neuverpflichtungen kompensiert werden muss. Ansonsten scheint in den meisten Unternehmen eine mehr oder minder ausgeprägte Laissez-Faire-Politik vorzuherrschen, die sich zum Beispiel in der eher planlosen Rekrutierung von Lehrlingen oder dem Angebot von inadäquaten Aus- und Fortbildungen deutlich macht. Die Konsequenz nach dem Urteil von Joshua Consulting: Die unzureichenden HR-Strategien führen zu Streuverlusten - einer bemerkenswerten Ineffizienz also, die sich in der heutigen Zeit eigentlich kein Unternehmen mehr erlauben sollte. (1)

Weniger schlimm, als es sich anhört

Das klingt zwar alles ziemlich düster, ist aber weniger schlimm, als es sich anhört. Da sich die ersten Anzeichen des demografischen Wandels bereits jetzt schmerzlich bemerkbar machen, werden die Unternehmen schon bald in die Gänge kommen und ihre Personalpolitik strategischer ausrichten, als sie es bisher getan haben. Dafür spricht schon allein die Tatsache, dass die Publikationen zum Thema HR-Strategien zunehmen. Das Problem ist als drängend erkannt und wird - so weit darf man dem Weitblick hiesiger Firmenkapitäne trauen - sicherlich schon bald mit der nötigen Akribie angegangen werden. Die Studie "Recruiting in Deutschland 2013", die die Zeitschrift Personalwirtschaft in Zusammenarbeit mit der Beratungsgesellschaft Pomerit und anderen

Partnern verantwortet hat, wendet sich beispielsweise dezidiert der Frage zu, welche hr-strategischen Maßnahmen der Mittelstand ergreifen muss, um zukunftsfähig zu bleiben. Zudem existieren bereits Trendsetter aus den verschiedensten Branchen, die zeigen, wie sich personalstrategische Richtlinien in die Praxis umsetzen lassen. Dienstleister, die sich auf HR-Strategien spezialisiert haben und die nötigen Tools mitbringen stehen ebenfalls Gewehr bei Fuß. Kurz: Die Befürchtung, deutsche Unternehmen könnten im internationalen Vergleich den Kürzeren ziehen, weil sie den Trend HR-Strategien schlicht und einfach verschlafen, ist aller Voraussicht nach unbegründet. (1), (3), (4), (5), (6), (7)

Trends

"War for Talents" macht strategisches HR-Management unerlässlich

Industrie und Handel müssen sich schon heute mit den Folgen des demografischen Wandels auseinandersetzen und stecken bereits mitten im vielbeschworenen "War for Talents". Dieser "Krieg" wird sich dramatisch verschärfen, wenn in den nächsten Jahren immer mehr Arbeitnehmer in den Ruhestand abwandern. Deutschland hat die älteste Bevölkerung Europas und hinter Japan die älteste der Welt. Der Zwang, HR-Strategien zu entwickeln, wird also aus der Not geboren werden. Lange wird das nicht mehr dauern. Denn Personaler müssen den heiß begehrten Nachwuchs zielgerichtet für die Zukunft ins eigene Unternehmen locken, wenn dieses gegen die Konkurrenz nicht das Nachsehen haben will. Zu einer strategischen Ausrichtung der HR-Arbeit wird aber nicht nur die Rekrutierung von geeigneten Mitarbeitern aus dem eigenen Land gehören. HR-Manager müssen sich auch Taktiken überlegen, wie sie Fachpersonal aus anderen Ländern nach Deutschland und gegebenenfalls sogar in die deutsche Provinz bekommen. (1), (9)

Fallbeispiele

Gesundheitsmanagement als HR-Strategie

Computacenter, ein IT-Dienstleister aus Kerpen, bietet Mitarbeiten zweimal pro Jahr ein Gesundheitstraining an. Zusätzlich können Mitarbeiter und Führungskräfte Workshops besuchen, mit deren Hilfe sie lernen sollen, besser mit Stress umzugehen. Grundlage dieser Initiativen waren Mitarbeiterbefragungen und die Zusammenarbeit mit einem externen Dienstleister namens Skolamed. Die Nachfrage nach diesen Angeboten ist enorm. (4)

Fressnapf entwickelt Führungskräfteleitbild

Der Futtermittelhändler Fressnapf setzt bei seiner HR-Strategie auf Transparenz und Fairness, um seine Angestellten enger ans Unternehmen zu binden. Bei einer Mitarbeiterbefragung vor wenigen Monaten durften die Angestellten Dampf ablassen und schreiben, wo ihrer Meinung nach der Schuh drückt. Unzufrieden zeigten sie sich unter anderem beim Thema "Führung". Ein Team, das aus Entscheidungsträgern und Mitarbeitern bestand, hat daraufhin ein Leitbild und eine Qualifizierungsinitiative für Führungskräfte entwickelt, die in der hauseigenen Akademie vermittelt werden sollen. Das Programm beginnt im Herbst dieses Jahres. (5)

Rewe setzt auf Talentmanagement

Der Handelskonzern Rewe hat ein Talentmanagementprogramm entwickelt, um potenzielle Führungskräfte zu identifizieren. Eine der Schwierigkeiten am Anfang war die Entwicklung einer gleichartigen Sichtweise, was einen Leistungsträger überhaupt ausmacht. Eine speziell zur Lösung dieses Problems einberufene Arbeitsgruppe scheint dieses Problem allerdings in den Griff bekommen zu haben. Durchschnittlich eignen sich nach den von Rewe gesetzten Maßstäben von rund 3 300 Auszubildenden zirka 150 Lehrlinge dazu, später zum Beispiel zum Bezirksmanager aufzusteigen oder in einer Zentralfunktion tätig zu werden. 600 bis 800 der jungen Leute haben erfahrungsgemäß das Zeug dazu, nach ihrer Lehre und einigen Jahren Berufserfahrung als Marktleiter oder wenigstens als stellvertretender Marktleiter zu arbeiten. (7)

Phönix Contact hat mehrgleisige HR-Strategie entwickelt

Phönix Contact im nordrhein-westfälischen Blomberg setzt in seiner Personalarbeit dezidiert auf mehrere HR-Strategien. Ein Beispiel: Zusammen mit Hauptschulen hat das Unternehmen ein Programm ins Leben gerufen, um Schülern nicht nur eine Lehrstelle zu vermitteln, sondern sie überhaupt erst fähig für eine Ausbildung zu machen. Der Ausgangspunkt der Überlegung: Hauptschülern fehlen nach dem Schulabgang oft die Schlüsselqualifikationen, um im Arbeitsalltag zu bestehen. Dank der Initiative können die jungen Leute ein Jahr bevor sie die Schule verlassen das Berufsleben kennenlernen. Ihre Lehrer beraten sie dabei. Die meisten Teilnehmer an dem Programm entwickeln sich so vielversprechend, dass sie nach ihrem Abschluss tatsächlich eine feste Lehrstelle bekommen. (6)

Fachseminar zum Thema HR-Strategien

Einige Bildungsträger haben bereits erkannt, dass immer mehr Unternehmen strategisches Personalmanagement zumindest auf ihrer Agenda stehen haben. So hat beispielsweise die Akademie für Recht, Steuern & Wirtschaft, Österreichs größter Anbieter für Fachseminare, im April dieses Jahres einen einwöchigen Workshop zu diesem Thema angeboten. Der Titel des neuen Programms: "Strategic Human Resource Management". Einer der Schwerpunkte: das effiziente Zusammenspiel zwischen Unternehmens- und Personalstrategien. Das Seminar fand zudem explizit unter der Vorgabe statt, weltweite HR-Trends zu thematisieren. (8)

Weiterführende Literatur

(1) Strategie statt Bauchgefühl
aus "medianet" Nr. 1599/2012 vom 07.12.2012 Seite: 77

(2) Personalarbeit ist heute strategisch
aus Lebensmittel Zeitung 24 vom 14.06.2013 Seite 040

(3) Mittelstand - fit für die Zukunft? / Studie "Recruiting in Deutschland 2013" (BILD)
aus news aktuell, 2013-06-10

(4) Vorkehrungen treffen
aus news aktuell, 2013-06-10

(5) „Faire Konditionen und absolute Transparenz"
aus Lebensmittel Zeitung 29 vom 19.07.2013 Seite 042

(6) Visionen und Mut in HR
aus Personalwirtschaft, Heft 04/2013, S. 37-39

(7) „Abiturienten bekommen wir nie genug"
aus Lebensmittel Zeitung 10 vom 08.03.2013 Seite 052

(8) Weiterbildung für Personalprofis
aus Personalmagazin, Heft 04/2013, S. 77

(9) Statistisches Jahrbuch 2012 - Deutschland altert
aus AssCompact Nr. 11 vom 05.11.2012 Seite 80

Impressum

HR-Strategien - Kampf ums Personal mit Plan steckt noch in den Kinderschuhen

Bibliografische Information der deutschen Nationalbibliothek

Die Deutsche Nationalbibliothek verzeichnet diese Publikation in der deutschen Nationalbibliografie; detaillierte bibliografische Daten sind im Internet über http://dnb.d-nb.de abrufbar.

ISBN: 978-3-7379-1302-7

© 2015 GBI-Genios Deutsche Wirtschaftsdatenbank GmbH, Freischützstraße 96, 81927 München, www.genios.de

Alle Rechte vorbehalten. Dieses Werk ist einschließlich aller seiner Teile – z.B. Texte, Tabellen und Grafiken - urheberrechtlich geschützt. Jede Verwertung außerhalb der Grenzen des Urheberrechtsgesetzes bedarf der vorherigen Zustimmung des Verlags. Dies gilt insbesondere auch für auszugsweise Nachdrucke, fotomechanische

Vervielfältigungen (Fotokopie/Mikroskopie), Übersetzungen, Auswertungen durch Datenbanken oder ähnliche Einrichtungen und die Einspeicherung und Verarbeitung in elektronischen Systemen.